10:37
TOP 2
Bundeswehreinsatz in Südsudan (UNMISS)
Es spricht:
Christoph Strässer, SPD
Es folgen:
Christine Buchholz, LINKE
Agnieszka Brugger, B90/GRÜNE
[...]
5 Minuten
5 Minuten
Namentliche Abstimmung ca. 11.10 Uhr
www.entdecke.de

Entdecke die Politik

Robert Burdy

Titelbild: Shutterstock: Anton Vierietin | Kulbhushan Jatinder | Atstock Productions | NanamiOu | OnlyFlags |
Mauritius Images: Chromorange/ Michael Bihlmayer
Rückseite: Shutterstock: NanamiOu | BearFotos | Zanna Karelina
Vorsatz: Alamy: Reynaldo Chaib Pagnelli

ISBN: 978-3-86659-519-4

An der Kleimannbrücke 39/41
48157 Münster
Tel.: 0251-13339-0
Fax: 0251-13339-33
E-Mail: verlag@ms-verlag.de
Home: www.ms-verlag.de
Geschäftsführung: Matthias Schmidt
Layout: Michael Kolmogortsev
Lektorat: Kriton Kunz
Druck: Drusala, Dobrá

mauritius images
S. 21: unten/38 oben: Chromorange/ Michael Bihlmayer
S. 22: Westend61 / Ophelia

Alamy:
S. 7 rechts: Pixel-shot
S. 9: Keystone Press
S. 18/19: ERIC LAFFORGUE
S. 19: Hi-Story
S. 22/23: Science History Images
S. 24: PhotograPHL
S. 25: The Granger Collection
S. 34/35: Bettina Strenske
S. 35: K I Photography
S. 36 unten: Jennifer Wright
S. 38/39: Marcel Gross
S. 40 links: Zoonar GmbH
S. 41 links: Pacific Press Media Production Corp.
S. 41 rechts: United Archives GmbH
S. 56/57: Joern Sackermann

shutterstock:
S. 1: fayska
S. 2/3: NanamiOu
S. 4/5: Oksana Shufryach
S. 6: Roman Samborskyi
S. 6/7: Timof
S. 8: oben: Anurak Pongpatimet
S. 8: unten: kdshutterman
S. 8/9: Roman Samborskyi
S. 10: Anton Vierietin
S. 10/11: Valua Vitaly
S. 11: Jacek Skrok
S. 13 unten: Andrejs Marcenko
S. 14: Kleber Cordeiro
S. 15 unten: SeventyFour
S. 16/17: Sunward Art
S. 16/17: vasabii
S. 18: StoryTime Studio
S. 20 oben: Everett Collection
S. 20 unten: Anurak Pongpatimet
S. 20/21: Abel Tumik
S. 26/27: Patricia_StudioX
S. 26 oben: Prostock-studio
S. 28/29: A Lot Of People
S. 30/31: John_T
S. 31: Ronald Rampsch
S. 32 oben: Dima Sobko
S. 32/33: Master1305
S. 33 oben: Africa Studio
S. 34 Mitte: Scarlette2020
S. 36: Khakimullin Aleksandr
S. 37 oben: Andrei Nekrassov
S. 37 rechts: Sina Ettmer Photography
S. 39 oben: Juergen Nowak
S. 42/43: Zanna Karelina
S. 42: Matthias Wehnert
S. 44: Rainer Lesniewski
S. 44/45: OnlyFlags
S. 45: NGCHIYUI
S. 46: travelview
S. 47: Ground Picture
S. 46/47: OSTILL is Frank Camhi
S. 48 vorne: moreimages
S. 48 hinten: FooTToo
S. 49 vorne: Sharomka
S. 49 hinten: Wut_Moppie
S. 50/51: Riccardo Mayer
S. 51 oben: Jota Buyinch Photo
S. 51 unten: clicksabhie
S. 52/53: Irina Wilhauk
S. 53: Nightman1965
S. 54/55: Fabio Principe
S. 54: fizkes
S. 56/57: jantsarik
S. 56: pathdoc
S. 57: Cookie Studio
S. 58/59: Piyaset
S. 58: homydesign
S. 59: krisolar
S. 60: wavebreakmedia

Sonstige:
S. 40 unten: Karsten Schütze

Inhaltsverzeichnis

Der Anfang von Politik liegt im Sandkasten

Auch wenn es auf dem Spielplatz meist friedlich zugeht, kommt es doch manchmal zu Meinungsverschiedenheiten

Stell Dir Politik einfach mal wie einen großen Sandkasten vor. Einen Sandkasten mit ganz vielen Schaufeln und Förmchen. Da sind Sandburgen und geheimnisvolle Wege und Windungen. Und ganz viele Kinder vergnügen sich darin.

Was passiert in einem solchen Sandkasten? Erinnerst Du Dich noch? Es ist immer dieselbe Geschichte: Alle spielen fröhlich. Die Kinder baggern und buddeln und bauen. Es ist für alle genug da, Sand und Spielzeuge sind ausreichend vorhanden.

Und trotzdem gibt es irgendwann Streit. Eines der Kinder will mit der Schaufel buddeln, die ein anderes Kind gerade benutzt. Oder einer will an der Stelle baggern, wo jemand anderes eine schöne Sandburg gebaut hat.

Das ist doch immer so! So sind wir Menschen. Wir erkunden immer neue Grenzen. Warum hier buddeln, wenn es auch da drüben geht? Warum mit dieser Schaufel, wenn es doch diese dort gibt? Warum bauen, wenn man auch kaputt machen kann? Warum nicht mal ausprobieren, was der Nachbar sagt, wenn er den Sand auf den Kopf bekommt? Oder die Schaufel.

Kannst Du Dich daran erinnern, wie das war, als Du noch kleiner warst? Irgendwann saßen alle in der Ecke und weinten. Oder nur einer weinte, und der andere haute mit seiner Schaufel ab. Die Sandburg war nur noch ein Sandhaufen. Und das Spielen machte niemandem mehr richtig Spaß. So ein Sandkasten kann in kurzer Zeit vom wunderbaren Ort zum Schauplatz großer Traurigkeit werden.

Meins!
Meins!
Meins!
s!

Regeln festlegen

Wie könnte man verhindern, dass jeder tut, was er mag, ohne Rücksicht auf andere? Da gibt es verschiedene Möglichkeiten. Die eine ist: Mama entscheidet! So passiert das, wenn wir klein sind. Die Eltern greifen ein. Sie legen Regeln fest. Wer sich nicht dran hält, wird ausgeschimpft oder darf nicht mehr mitspielen.

Aber spätestens, wenn man etwas größer wird, dann funktioniert das nicht mehr. Dann sind die Eltern nicht mehr dabei, wenn wir spielen. Und jeder will für sich selbst entscheiden. Also fallen die Entscheidungen nun anders. Entweder es gibt dann Regeln, oder es gibt keine. Wenn keine Regeln gelten, an die sich alle halten müssen, gewinnen einfach die Stärkeren. Sie nehmen Dir Dein Spielzeug weg, schubsen Dich beiseite, tun Dir weh oder vertreiben Dich.

In der Politik heißt das: das „Recht des Stärkeren“. Dann gewinnen immer die, die am brutalsten sind. Und wenn Du selbst klein bist,

Solange wir klein sind, legen Erwachsene die Regeln für uns fest

Ohne Regeln machen die Stärksten, was sie wollen

etwas schwächer, vielleicht eine Behinderung hast oder einfach einen schlechten Tag, dann hast Du Pech gehabt! Dann nehmen sie Deine Schaufel und Dein Spielzeug, zertreten Deine Sandburg und schubsen Dich aus dem Sandkasten. Und Deine kleine Schwester gleich mit! Dann fahren sie mit Deinem Fahrrad davon. Wer will das schon!

Das Recht des Stärkeren herrscht immer dann, wenn es keine Politik gibt. Oder wenn Politik versagt hat. Wenn keine Regeln festgelegt wurden, an die sich alle halten müssen, dann werden die meisten von uns von irgendwelchen doofen Sandkastenschubsern unterdrückt. Also brauchen wir Regeln. Wir brauchen Politik, um die Regeln festzulegen. Und weil sich die Dinge immer wieder ändern, brauchen wir politische Regeln, um darauf entsprechend reagieren zu können.

Regeln schützen alle!

Ohne Gemeinschaft bräuchten wir keine Regeln, sondern wir wären sozusagen Alleinherrscher

Vom Ich zum Wir

Wenn wir alleine sind, brauchen wir keine Politik. Dann können wir tun, was wir wollen. Es betrifft nur uns. Wenn Du aber mit Deiner Schwester oder Deinem Bruder spielst, müsst Ihr Euch schon auf Dinge einigen. Ihr müsst zum Beispiel festlegen, was Ihr spielt und nach welchen Regeln. Noch komplizierter wird es dann in der Kindergartengruppe, der Schulklasse, der Sportmannschaft, im Ort oder Deiner Stadt, in Deinem Heimatland und erst recht, wenn es um Dinge geht, die alle Menschen auf der ganzen Welt angehen. Wir brauchen Politik, um unser Zusammenleben mit anderen Menschen zu regeln.

Politik beginnt dort,
wo das *Ich* aufhört und das *Wir* anfängt.

Wie finden wir also die Regeln für unser Zusammenleben? Die einfache Methode ist: „Mama und Papa sagen, wie es läuft!" Für Kinder ist das meistens völlig okay, oder? Klar, manchmal gefallen Dir Mamas oder Papas Regeln nicht. Aber insgesamt läuft die Sache ganz gut. Nur – was machen die Erwachsenen? Sagt da Oma, wie es läuft? Natürlich nicht. Also jemand anderes? Das gibt es auch. Aber das funktioniert oft nicht, weil die, die dann bestimmen, nicht immer nett sind. Meistens sind es einfach wieder nur die Stärkeren.

Also müssen wir alle gemeinsam die Entscheidungen über unser Zusammenleben treffen. *Das* ist Politik!

Wir leben aber immer mit anderen Menschen zusammen

„Politik ist Kampf um die rechte* Ordnung“
Otto Suhr,
ehemaliger Regierender Bürgermeister von Berlin
* gemeint ist: Die richtige Ordnung
Wir
Durch Politik wird aus vielen einzelnen Menschen ein gemeinsames Wir

Früh übt sich

Wer in einer Sportart Erfolg haben möchte, muss früh anfangen. Oder wer lernen möchte, ein Instrument zu spielen. Genauso ist es mit der Politik. Deshalb ist es gut, dass Du Dich so früh mit Politik beschäftigst. Und dass Du ganz von vorne beginnst, da, wo Politik anfängt. Nur so kannst Du verstehen, worum es wirklich geht.

Schön, dass Du Dich für Politik interessierst!

Es ist wichtig, sich für Politik zu interessieren. Warum? Weil sie uns alle angeht. Politik bestimmt die Regeln unseres Zusammenlebens. Sie trifft Entscheidungen für Deine und meine Zukunft. Sie macht Dinge möglich und verbietet andere.

Politik ist keine Sache, die andere mit uns machen. Politik ist zum Mitmachen. Nur wer Politik versteht, kann an diesem wichtigen Prozess auch teilnehmen. Und nur wer mitmacht, kann mitbestimmen, wie unser Zusammenleben gestaltet wird.

Klar, mitmachen ist oft nicht leicht. Es ist wie beim Spielen: Du kommst dazu und musst verstehen, wie gespielt wird. Aber wenn Du einmal mitspielst, lernst Du ganz schnell, wie es geht, oder? Und dann macht es auch Spaß!

Politik ist in unseren modernen Gesellschaften eine sehr komplizierte Angelegenheit. Sie zu verstehen, ist nicht leicht. Politik muss man lernen. Sie ist wie eine Sportart, hat ihre eigene Sprache, ihre eigenen Spielregeln. Man muss sich fit machen, wenn man mitspielen will. Und wenn man nicht mitspielt, bleibt man am Spielfeldrand stehen. Dann gehört man zu denen, die nur alles besser wissen ...

Dieses Buch soll Dir dabei helfen, zu verstehen, worum es bei Politik geht. Es beginnt an den Ursprüngen der Politik. Es erklärt Dir, wie Politik in modernen Demokratien heute funktioniert. Mit ihm kannst Du lernen, welche Kräfte dabei eine Rolle spielen. Und Du erfährst, was Du als Einzelner tun kannst, um Politik mitzugestalten.

Viele sagen heute „die Politik“, wenn sie eigentlich „die da oben“ meinen, die „großen Leute“, die Mächtigen, die wir jeden Abend im Fernsehen sehen. Aber Politik beginnt hier, bei Dir und bei mir. Wenn wir Politik verstehen, müssen wir nicht über „die Politik“ schimpfen; dann können wir mitmachen und Politik besser gestalten!

Nur wenn Du die Regeln verstehst, hast Du Spaß und kannst sogar mitspielen

Wer eine Sportart oder ein Instrument richtig gut beherrschen möchte, sollte möglichst früh damit anfangen. Genauso ist es auch mit der Politik!

Gemeinsam stark

Menschen lebten schon immer in Gruppen zusammen. Das hat seinen Ursprung in unserem Wesen: Wir sind als Geschöpfe weder räuberische Tiere, wie Löwen oder Adler, noch klassische Fluchttiere, wie Pferde oder Kaninchen. Wir sind nicht so stark wie Raubtiere und nicht so schnell wie Fluchttiere. Also sind wir darauf angewiesen, unseren Verstand zu nutzen und uns gegenseitig zu schützen. Deshalb organisieren wir uns in Familien, Stämmen, Dörfern, Städten oder Nationen.

Auch in der Geschichte der Menschheit setzten sich anfangs einfach die Stärksten und Brutalsten durch

Der Trick mit der Stadt

Früher – also, ganz früher, als wir Menschen noch in Höhlen lebten – ging Politik ganz einfach. Wenn Karlo Keule aus der Neanderhöhle die fette Mammuthaxe verspeisen wollte, die bei Hans Hungerkünstler nebenan vor der Höhle lag, dann ging er einfach hin und nahm sie sich.

– „Hey, Karlo, was machst du mit meiner Mammutkeule?"
– „Essen!"
– „Aber das ist meine Keule!"
– „Und das hier ist meine Keule!"

Dann zimmerte Karlo mit der Holzkeule dem armen Hans Hungerkünstler eins über die Rübe. Und abends gab's Mammutkeule bei Keules. Hans Hungerkünstler und seine Familie schoben Kohldampf.

Das ging eine ganze Weile so in der Menschheitsgeschichte. Bis ein paar kluge Leute auf die Idee kamen, dass es anders funktionieren muss, weil sonst nur die Stärkeren etwas zu essen bekommen. Das war der Anfang unserer Politik.

Was wir den alten Griechen verdanken

Was wir heute unter Politik verstehen, das haben wir den alten Griechen zu verdanken. Sie waren die ersten, die sich über Politik, wie wir sie heute kennen, tiefere Gedanken machten.

„Polis" heißt auf Altgriechisch „Stadt". Damals lebten die Menschen des alten Griechenlands in sogenannten Stadtstaaten. Es gab also eigentlich Griechenland als Land und als Nation noch gar nicht, sondern die Menschen waren in ihren Heimatstädten organisiert. Und weil man sich ja nur zu Fuß fortbewegte oder vielleicht mit einem Eselskarren, reichte es aus, sich mit den Nachbarn in der Heimatstadt über die Regeln des Zusammenlebens zu einigen. Weiter kamen die Menschen meistens gar nicht! Mochten die Leute in der nächsten Stadt das ruhig anders machen!

„Politika“ nannten die Griechen Dinge, die die Stadt betrafen. Also solche Dinge, die alle Menschen in der Stadt etwas angingen.

Im alten Griechenland liegen die Wurzeln unserer Demokratie

Damals setzte sich die Einsicht durch, dass wir Menschen auf unsere Gemeinschaft angewiesen sind. Der griechische Gelehrte Aristoteles drückte es so aus: „Menschen sind von Natur aus soziale Wesen.“ Und: „Der Mensch ist von Natur aus ein politisches Wesen.“ Wenn wir soziale Wesen sind, also in Gruppen leben, dann brauchen wir Politik, um das Leben in diesen Gruppen zu organisieren.

Zur Zeit des weisen Aristoteles lebten auf unserer Welt ungefähr 150 Millionen Menschen. Das klingt viel, ist es aber nicht. Denn die verteilten sich ja über die ganze Welt! Da war ziemlich viel Platz für jeden. Heute wohnen auf unserer Erde mehr als acht Milliarden Menschen. Das sind über 50 Mal so viele!

Wir können uns nicht einfach mal alle um den Kaffeetisch versammeln und beispielsweise beratschlagen, „was machen wir jetzt gegen die Umweltverschmutzung?“ Dafür sind wir zu viele! Und ein reicher Mensch aus Deutschland würde auch ganz andere Antworten auf diese Frage geben als ein armer Bauer aus Indien. Deshalb brauchen wir politische Systeme, die die Entscheidungen in unserem Namen treffen.

Aristoteles und das Glück

Aristoteles war ein griechischer Gelehrter. Er lebte von 384 bis 322 vor Christus und forschte in ganz vielen Bereichen, unter anderem über die Lehre vom Staat. Für Aristoteles war die oberste Aufgabe des Staates, das Glück seiner Einwohner zu mehren und zu sichern. Noch heute ist das Streben nach Glück in der Verfassung der USA garantiert – in einer Verfassung stehen die Grundsätze eines Staates.
Das Königreich Bhutan wollte das menschliche Glück von den Vereinten Nationen als eines der großen Menschheitsziele für das nächste Jahrtausend festschreiben lassen. Der Vorschlag fand jedoch keine Mehrheit. Trotzdem, Aristoteles hätte das wohl für selbstverständlich gehalten.

Von der Arbeitsteilung zur Politik

Alles, was jeder von uns tut, ist mit dem verbunden, was andere erleben. Wenn Du sauer bist und Deine Spielsachen umeinanderwirfst, dann werden Deine Eltern sauer. Und Deine Geschwister vielleicht auch. Wenn Du hungrig bist und Dir etwas zu essen aus dem Kühlschrank nimmst, dann bedeutet das: Jemand anders aus Deiner Familie kann nicht mehr essen, was Du Dir gerade hast schmecken lassen. Irgendwann muss jemand arbeiten gehen, um Geld zu verdienen, damit er oder sie einkaufen kann, damit für alle wieder genug zu essen im Kühlschrank ist.

Wenn Du krank bist, gehst Du zum Arzt. Damit das möglich ist, ...

... müssen Deine Eltern arbeiten, um Beiträge an die Krankenkasse zahlen zu können. Diese wiederum bezahlt den Arzt, damit er Dich behandelt.

Nehmen wir mal folgendes Beispiel: Wenn Du krank wirst, musst Du Dich nicht selbst heilen, sondern Deine Eltern bringen Dich zu einem Arzt, der das gelernt hat. Um den Arzt bezahlen zu können, müssen Deine Eltern Beiträge an die Krankenkasse zahlen. Dafür müssen sie arbeiten gehen. Und auch bei der Arbeit sind sie nicht allein: Arbeitet Deine Mama zum Beispiel in einer Autofabrik, dann wirken auch dort ganz viele Menschen zusammen, um Autos zu produzieren, die dann verkauft werden. Von diesem Verkaufserlös wird dann unter anderem der Lohn Deiner Mutter bezahlt.

Bei der Arbeitsteilung sollte jeder den Beruf ausüben, den er mag und gut beherrscht

Du siehst: Schon so etwas Einfaches wie der Schnupfen eines Einzelnen hat Auswirkungen auf ganz viele Menschen. Unsere Leben sind miteinander verbunden. Deshalb teilen wir uns die Arbeit: Das nennt man Arbeitsteilung.

Bleiben wir mal bei dem Beispiel. Da gibt es sofort ganz viele Fragen, die beantwortet werden müssen, bevor so ein System funktioniert:

Wie lange müssen Deine Eltern arbeiten? Welche Regeln gelten am Arbeitsplatz? All das und noch vieles mehr bestimmt die Politik.

Beim Arzt:
- Was muss er lernen, damit er Arzt sein darf?
- Wie wird sichergestellt, dass die Universitäten das auch unterrichten?
- Wie viel Geld bekommt er für Deine Behandlung?
- Wie bekommt er das Geld von der Krankenkasse?
- Welche Medikamente darf er benutzen?
- Sind diese Medikamente vorher geprüft worden?
- Darfst Du von diesem Arzt behandelt werden, oder musst Du zu einem anderen gehen?

Bei Deinen Eltern:
- Sind sie in der richtigen Krankenkasse?
- Wie kann der Arzt erkennen, dass sie versichert sind?
- Haben Deine Eltern ihren Beitrag bezahlt?
- Musste ihr Arbeitgeber etwas zu dem Krankenkassenbeitrag dazuzahlen?

In der Fabrik:
- Wie lange müssen Deine Eltern arbeiten?
- Wie viel Geld bekommen sie dafür?
- Welche Regeln gelten in der Fabrik?
- Welche Sicherheitsvorschriften müssen in der Fabrik eingehalten werden?
- Welchen Sicherheitsvorschriften müssen die Autos entsprechen: Brauchen sie Sicherheitsgurte, Airbags, funktionierende Bremsen?

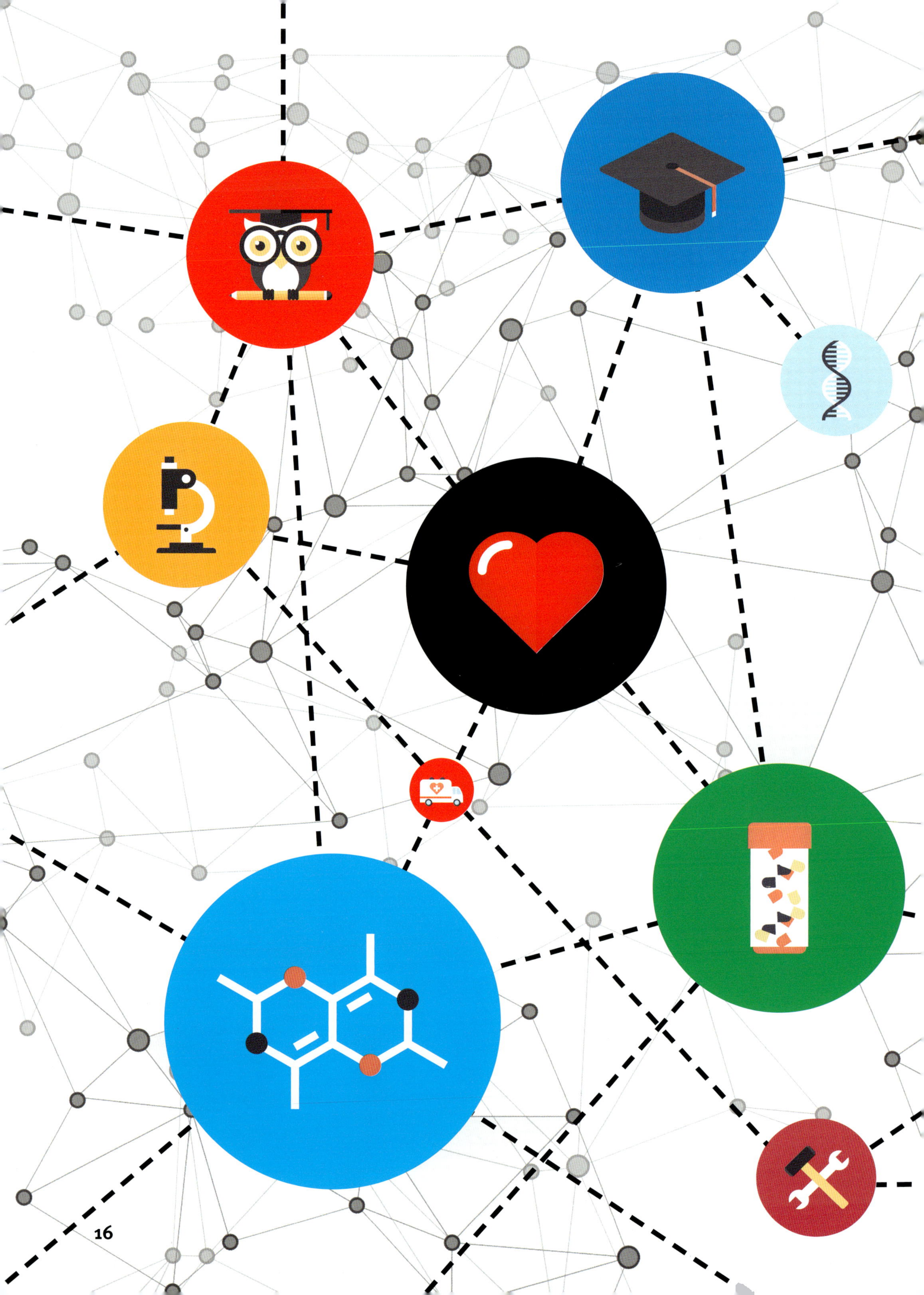

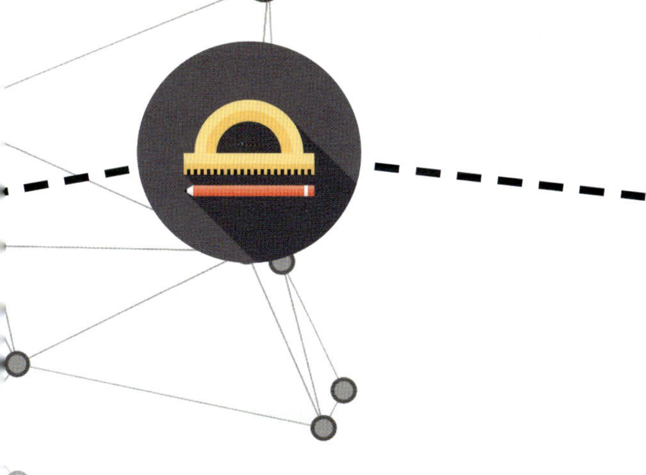

Du

Unsere Gesellschaft ist sehr komplex: Alles hängt mit allem zusammen und muss geregelt sein.

Vielfältige Verbindungen

Du siehst: Unsere Verbindungen mit anderen Menschen sehen aus wie ein riesiges Spinnennetz. Und immer, wenn sich etwas bewegt in diesem Spinnennetz, bewegt sich das ganze Netz. Alles, was wir als Menschen tun, hat Auswirkungen auf ganz viele andere Menschen. Und dafür brauchen wir Politik. Die Antworten auf all die Fragen, die wir eben gestellt haben – und noch auf viele mehr! – sind das Ergebnis politischer Entscheidungsprozesse.

Da entscheiden wissenschaftliche Beiräte an den Universitäten darüber, wie zukünftige Ärzte unterrichtet werden. Experten in den Kultusministerien entscheiden über die Lehrpläne. Kontrollgremien entscheiden über die Zulassung von Medikamenten. Bei Sozialwahlen werden die Aufsichtsgremien der Krankenkassen gewählt, die über deren Arbeit wachen. Arbeitszeitgesetze regeln, wie lange Deine Eltern arbeiten müssen. Arbeitgeberverbände und Gewerkschaften haben sich auf einen Tarifvertrag geeinigt, der festlegt, wie viel Deine Eltern verdienen. Überall dort werden politische Entscheidungen getroffen. Politik ist überall!

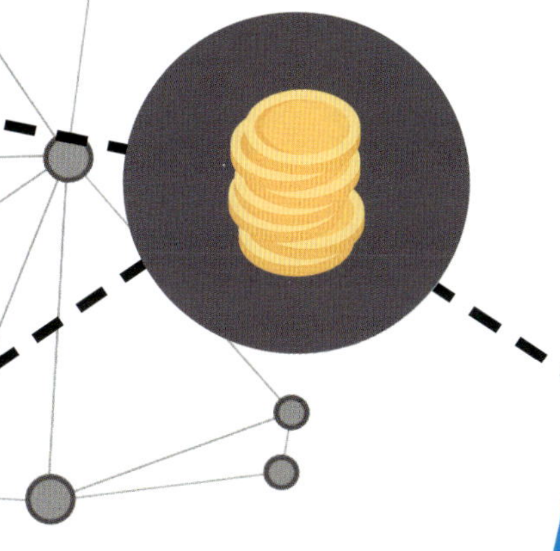

Deine Familie

Vom Häuptling zum Bürger

Was ist die kleinste Gruppe in unserer Gesellschaft? Die Familie! Seitdem Du geboren wurdest und Papa und Mama Dich nach Hause getragen haben, übst Du, in einer Gesellschaft zu leben.

Am Anfang ist das ganz leicht: Papa und Mama sorgen für Dich, geben Dir Essen und ein Zuhause. Du hast es warm. Du bist satt. Du bleibst gesund. Und Du kannst in Ruhe groß und stark werden. Kompliziert wird es in dem Moment – daran kannst Du Dich wahrscheinlich gar nicht mehr erinnern –, wenn Du zum ersten Mal etwas anderes möchtest als Deine Eltern. Sie wollen, dass Du schläfst. Du willst wach bleiben und noch spielen oder mit Papa und Mama kuscheln. Sie wollen, dass Du den Spinat nicht auf die Tapete schleuderst. Du findest das aber ziemlich spannend.

Das ist Politik! Spinat-Politik! Ihr habt unterschiedliche Interessen, nämlich: Spinat an die Wand! Und: Spinat nicht an die Wand! Nun müsst Ihr irgendwie klären, welche Variante es denn sein soll.

Die kleinste Gruppe in unserer Gesellschaft ist die Familie.

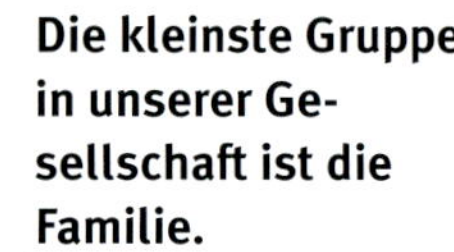

Am Anfang ist alles ziemlich einfach, Deine Eltern sorgen für Dich. Aber bald schon habt Ihr manchmal unterschiedliche Interessen.

Das wäre dann Dein erster gesellschaftlicher Konflikt: Setzt Du Dich durch und flitschst das grüne Zeug mit dem Löffel nur knapp an Mamas Ohr vorbei auf die Wand? Oder ist Mama schneller und packt Deine Hand, bevor der Spinat fliegt? Jedenfalls wird Mama versuchen, sich durchzusetzen, und wahrscheinlich auch Erfolg haben.

Danach kommt dann der Sandkasten. Den hatten wir schon im ersten Kapitel. Und gleich nach diesem Sandkasten kommt ein gesellschaftlicher Zustand, in dem die Menschen in Europa für Jahrhunderte gelebt haben: der Stamm. Mehrere Familien, ein Häuptling.

Wann wird die Ernte eingeholt? Wer darf wo sein Vieh weiden lassen? Was geschieht in Streitfällen? Wie verhalten wir uns zu unseren Nachbarn? Vielleicht sogar: Ziehen wir in den Krieg? Das sind Fragen, die entschieden werden müssen. Und in klassischen Stammesgesellschaften entscheiden das die Stammesältesten oder Häuptlinge. Die kennst Du ja aus Indianergeschichten – auch wenn es bei den Indianern oft viel mehr Mitbestimmung gab, als das zur gleichen Zeit in Europa der Fall war ...

Nur: Was mache ich, wenn der Häuptling mich nicht mag? Wenn er mir die schlechtesten Weidegründe zuweist? Oder jemand anderes mein Vieh wegnehmen lässt? Das wäre echt ungerecht, oder? Dagegen kannst Du aber in einer Stammesgesellschaft nichts machen! Pech gehabt!

Sein Ansehen und seine Verdienste verleihen dem Wort eines Häuptlings besonderes Gewicht. Er ist aber kein König, der alles bestimmen kann.

Leben im Stamm

In einigen Ländern, wie zum Beispiel Afghanistan, ist die Gesellschaft immer noch in Stämmen organisiert. Sie sind prägend für das Leben in den Familien und auch für das Leben im ganzen Land. Politik ist dort nur denkbar, wenn sie im Einklang mit den Hierarchien, also den Herrschafts-Reihenfolgen, und den Gesetzen der Stämme geschieht.

Diese afghanische Familie ist in ein Stammessystem eingebunden

Wilhelm II. war der letzte Kaiser Deutschlands

Wählen macht den Unterschied

Kluge Menschen unter unseren Vorfahren haben schon vor langer Zeit festgestellt: Das mit den Häuptlingen ist ja schön und gut. Ähnlich ist es mit Königen. Aber wenn das nicht super nette Kerle oder Mädels sind, dann wird es für die Untertanen ungemütlich. Oder zumindest für manche Untertanen.

Und deshalb hat man sich gesagt: Dann stimmen wir halt ab! Wir wählen sozusagen einen Häuptling! Und wenn sich herausstellt, dass der oder die ungerecht ist, Andersdenkende unterdrückt oder sich bereichert, dann wird er wieder abgewählt. Tschüss, Häuptling!

Dieser Gedanke ist der Ursprung dessen, was wir heute Demokratie nennen. Auch diesen Begriff haben die alten Griechen geprägt.

Demokratie heißt übersetzt „Herrschaft des Volkes“. Und dieser Grundgedanke hat sich bis heute gehalten. Deshalb steht zum Beispiel auf dem Reichstag, wo der Deutschen Bundestag in Berlin zusammenkommt, die kurze Widmung „Dem deutschen Volke“. Das soll zeigen, dass das Parlament das Haus des Volkes ist und dass das Volk den obersten Bestimmer in einer Demokratie darstellt. Wäre der Reichstag ein Königspalast, dann stünde da wahrscheinlich „Heinrich dem Dicken“ oder „Tusnelda der Doofen“. Steht aber nicht da. Sondern: „Dem deutschen Volke“. Es ist also unser aller Parlament – wir sind die Häuptlinge!

Im Reichstag kommt das Parlament zusammen, also die Frauen und Männer, deren Parteien bei den Wahlen genügend Stimmen erhielten

Du merkst es schon: In einer Demokratie kommt dem Einzelnen, also jedem von uns eine besondere Rolle zu. Und zwar ohne dass Einzelne irgendetwas ganz alleine kontrollieren können. Dieser Einzelne heißt ‚Bürger'. Also, nicht mit Namen natürlich, sondern die Bürger heißen immer noch Schmitz und Müller und so. Aber der einzelne Bürger ist Teil der mächtigsten Gruppierung in einer Demokratie und gleichzeitig der einzigen Gruppe, die wirklich alle Macht haben darf: die Gemeinschaft der Bürger.

Jeder, der in einer Demokratie etwas zu sagen haben will, muss diesen obersten Bestimmer fragen: die Bürger!

Keine Greise ...

Die ‚alten Griechen' waren natürlich gar nicht alt. Damals. Man nennt sie nur heute so, weil sie aus der heutigen Sicht in alter Zeit lebten. Vor allem ist damit die Zeit von etwa 500 bis 300 vor Christus gemeint. Das antike Griechenland der Philosophen Aristoteles und Sokrates war nicht dasselbe wie das heutige moderne Griechenland. Also, nicht verwirren lassen! Das waren nicht alles alte Greise mit langen, grauen Bärten ...

Bei der Bundestagswahl können alle erwachsenen Deutschen abstimmen, welche Parteien wie viele Mitglieder ins Parlament senden dürfen. Und die machen dann die Politik für Deutschland.

Vom Sandkasten zum Parlament

Demokratie ist also, wenn die Mehrheit der Menschen, die wählen dürfen, entscheidet, wie unsere Gegenwart und unsere Zukunft aussehen sollen. Das klingt erst mal wie eine anstrengende Sache. Denk zurück an die Situation im Sandkasten: Wie soll es funktionieren, wenn alle Kinder im Sandkasten ständig entscheiden müssen, wer jetzt die Schaufel benutzen soll, ob jemand eine Sandburg zerstören darf und ob noch jemand mitspielen kann?

„Dafür gibt es doch Regeln", wirst Du sagen. Man darf niemandem etwas wegnehmen. Man darf die Dinge anderer nicht beschädigen oder zerstören. Es darf niemand ausgeschlossen werden. Die kennen wir alle. Stimmt. Aber wo kommen die Regeln eigentlich her? Wer hat die gemacht?

Menchenrechte

Mit der Resolution 217 A, also einem Beschluss, nahm die Generalversammlung der Vereinten Nationen die Allgemeine Erklärung der Menschenrechte an. Artikel 1 sagt: „Alle Menschen sind frei und gleich an Würde und Rechten geboren", und dass sie einander im Geist der Brüderlichkeit begegnen sollen.

Die Erklärung sichert unter anderem das Recht auf Leben, Freiheit und Sicherheit der Person zu. Außerdem gibt es zum Beispiel ein Recht auf Bildung, was natürlich vor allem für die Kinder überall auf der Welt sehr wichtig ist.

Leider wird diese Resolution nicht überall auf der Welt respektiert.

Die Antwort ist nicht so einfach. Die Regeln, nach denen wir zusammenleben, haben sich über Jahrhunderte entwickelt. Immer wieder haben sich Menschen darüber Gedanken gemacht, nach welchen Regeln unser Zusammenleben organisiert werden soll.

Zwei Zeiträume der Geschichte waren ausschlaggebend. Zum einen – das hatten wir schon! – die Zeit der alten Griechen. Aristoteles, Platon und Co haben sich ganz viele Gedanken über das Leben in der ‚Polis' gemacht, also der Stadt. Unser Grundverständnis von Demokratie stammt aus dieser Zeit.

Die zweite wichtige Phase war die Zeit der Aufklärung. Zwischen 1650 und 1800 stellte diese Bewegung die Vernunft als leitende Kraft

Kinderrechte

Neben den Menschenrechten gibt es auch ganz klar definierte Kinderrechte! Als Kinderrechte werden Rechte von Kindern und Jugendlichen bezeichnet. Weltweit festgeschrieben sind sie in der UN-Kinderrechtskonvention, die am 20. November 1989 von der Generalversammlung der Vereinten Nationen verabschiedet (= beschlossen) und heute von den meisten Staaten der Erde ratifiziert (= anerkannt) worden ist, woraus sich eine weltumspannende Gültigkeit der Kinderrechte ableiten lässt. Dieser Beschluss war das Ergebnis eines jahrzehntelangen Prozesses nach dem Zweiten Weltkrieg, an dessen Anfang die Allgemeine Erklärung der Menschenrechte im Jahr 1948 stand. Darüber hinaus hat auch das Haager Minderjährigenschutzabkommen Bedeutung.

Viele Regeln sind nicht unverrückbar, sondern werden von der Politik so angepasst, dass sie in die jeweilige Zeit passen

Der englische König versuchte vergeblich, seine Macht mit Soldaten gegen das amerikanische Volk zu verteidigen in den Mittelpunkt menschlichen Miteinanders. Sprich: Nicht irgendein König bestimmt über uns, sondern das, was uns Menschen von den Tieren unterscheidet: die Vernunft. Die Regeln, die unser Zusammenleben bestimmen, müssen vernünftig sein.

So entstand während der Aufklärung ein gemeinsames Bild von den Rechten, die jeder Einzelne hat. Wir nennen sie auch einfach „Menschenrechte". Erst 1948 allerdings legten die damals neu gegründeten Vereinten Nationen diese in der „Allgemeinen Erklärung der Menschenrechte" fest.

Die Vereinten Nationen sind ein Zusammenschluss von 193 Staaten

Ihren politischen Ausdruck fand die Zeit der Aufklärung in zwei Revolutionen: der Amerikanischen Revolution von 1776 und der Französischen Revolution von 1789. Beide beendeten die Zeiten, in denen es nur einen „Bestimmer" gab, nämlich den König. Die neuen „Vereinigten Staaten von Amerika" sagten sich vom englischen Königshaus los. Und die Franzosen warfen die Herrschaft ihrer eigenen Könige über Bord.

In Deutschland sichert das Grundgesetz allen Menschen gemeinsame Rechte zu. Darin wird in Artikel 1 der Schutz der Menschenrechte garantiert. Jeder hat außerdem nach Artikel 2 des Grundgesetzes ein Recht auf Leben, körperliche Unversehrtheit (also dass ihm niemand wehtut!) und Freiheit der Person (das bedeutet, dass man im Rahmen der Gesetze und der Rücksicht auf andere machen darf, was man möchte).

Das sind ziemlich weit gehende Regeln, findest Du nicht? Du kannst Dich ja mal mit Deinen Freunden darüber austauschen, welche Auswirkungen diese Rechte auf Euer tägliches Leben haben. Ihr werdet erstaunt sein!

Die Französische Revolution

Die Grundforderungen der Französischen Revolution sind „Freiheit, Gleichheit und Brüderlichkeit". Diese Werte sind zum Beispiel auch Teil der von den Vereinten Nationen verbrieften Menschenrechte.
Elf Jahre lang kämpften die Menschen in Frankreich für ihre Rechte, gegen die Macht der Könige und für die Errichtung einer Republik, also einer Staatsform, in der das Volk die Macht ausübt. Es war eine teilweise äußerst blutige Zeit, in der es oft sehr ungerecht zuging. Aber die Werte der Französischen Revolution sind bis heute als Grundwerte moderner Demokratien erhalten.

Wenn wir alle morgens Brötchen essen wollen, müssten wir eigentlich alle jeden Morgen ganz früh aufstehen und welche backen

Vom Brötchenbacken zur Politik – Politik ist Arbeitsteilung!

Wir haben also die Wahl: Wollen wir uns gegenseitig mit der Keule auf die Rübe schlagen? Und wer übrig bleibt, darf dann machen, was er will? Oder wollen wir uns auf Regeln einigen, die uns allen ein schönes Leben ermöglichen?

Na, ist doch klar! Wir sind doch vernünftige Leute. Deshalb machen wir genau so Politik, wie wir alles machen: Wir teilen uns die Arbeit. Das heißt wirklich auch „Arbeitsteilung" und ist eigentlich ganz einfach.

Arbeitsteilung funktioniert so: Wenn wir alle morgens Brötchen essen wollen, müssten wir eigentlich alle jeden Morgen ganz früh aufstehen und welche backen. Und dann isst Papa drei Brötchen, Dein kleiner Bruder nur ein halbes, Deine Schwester möchte ein Hörnchen, und Oma kann die Dinger nicht mehr so gut kauen. Dafür jeden Morgen früh aufstehen?

Da ist es doch praktisch, dass der Bäcker die Brötchen backt und die Hörnchen und Mamas Körnerbrötchen. Dann können wir alle welche haben und nur einer muss früh aufstehen. Dafür mauert Herr Schmitz dem Bäckermeister sein neues Haus. Herr Müller macht seine Steuererklärung. Und der Mechaniker aus der nächsten Straße repariert den kleinen Lieferwagen, mit dem der Bäcker jeden Morgen die Brötchen aus der Backstube in seine Läden bringt.

Zum Glück gibt es aber Arbeitsteilung, auch in der Politik. Das beginnt bei der Klassensprecherin in der Schule und reicht bis zu Politikern, die Richtlinien für die Europäische Union festlegen.

Das ist Arbeitsteilung. Jeder kann etwas anderes und macht das dann für die anderen mit. Praktisch!

Mit der Politik funktioniert das genauso. Einzelne Menschen, die Freude daran haben, unsere gemeinsame Zukunft zu gestalten, werden Politiker.

Politik ist wie ein Baum: Wir Bürger bilden den Stamm, geben aber Verantwortung an die Politiker ab, die wir gewählt haben.

Andere werden halt Bäcker, Feuerwehrleute oder vielleicht Yogalehrer. Und dann machen die einen Brot oder Yoga. Die nächsten löschen Feuer. Und die Politiker machen halt Politik.

So wie an ganz vielen Orten Brötchen gebacken werden, so wird auch an ganz vielen Orten Politik gemacht. Denn Politik entscheidet darüber, wie unser Leben in der Gesellschaft aussehen soll. Und da gibt es halt das Dorf, in dem wir leben, oder den Stadtteil, die Stadt, den Landkreis, das Bundesland. Und Länder wie Deutschland, Österreich oder die Schweiz.

Damit ist aber noch nicht Schluss! Deutschland und viele andere Länder sind Teil Europas. Auch dort fallen politische Entscheidungen. Schließlich gehören wir kleinen Leute in unseren kleinen Orten und Stadtteilen zu einer globalen, also einer weltweiten Gemeinschaft, die auch Probleme zu lösen hat.

Außerdem machen ja nicht nur Erwachsene Politik. Auch für Dich beginnt das schon in der Schule. Euer Klassensprecher ist wahrscheinlich der erste von Dir gewählte Politiker in Deinem Leben. Er sucht Mehrheiten für Entscheidungen. Dann vertritt er die Klasse gegenüber der Schulleitung, den Lehrern und manchmal auch gegenüber den Eltern. Im Sportverein wird ein Vorstand gewählt, der über die Geschicke des Vereins entscheidet. Am Arbeitsplatz

existiert oft ein Betriebsrat. Auch der wird gewählt und vertritt die Arbeitnehmer gegenüber der Geschäftsleitung.

So geht das immer weiter: Es gibt den Gemeinde- oder Stadtrat, den Kreistag, den Landtag, Bundestag und Bundesrat und das Europäische Parlament. Die Regierung unseres Landes, Deutschland, wird vom Bundestag gewählt. Im Bundestag wiederum sitzen die Politiker derjenigen Parteien, die wir Bürger gewählt haben. Die Regierung setzt die Entscheidungen um, in allem, was die ganze Republik angeht, zum Beispiel in der Außenpolitik, der Verteidigungspolitik, der Wirtschaftspolitik und vielen anderen Bereichen.

Keine Macht des Einzelnen

Arbeitsteilung in der Politik funktioniert natürlich nur, wenn wir einander vertrauen. Wir vertrauen den Politikern die Macht an, über Bereiche unseres täglichen Lebens für uns alle zu entscheiden. Das gibt es nur in einer Demokratie. In anderen Staatsformen, wie der Monarchie mit einem König oder der Diktatur mit einem Gewaltherrscher, beanspruchen Einzelne die Macht und üben sie einfach aus. Dann können die Menschen nicht mehr mitreden.

Das heißt: Unsere Politik ist eigentlich wie ein riesiger Tannenbaum. Wir, die Bürger, sind der Stamm, der alles zusammenhält und von dem alles abhängt. Weil wir nicht jede Entscheidung alle gemeinsam treffen können, geben wir auf ganz vielen Bereichen – sozusagen an jeder Astgabelung des Tannenbaums – Verantwortung an Politiker ab, die wir gewählt haben.

So funktioniert auch in der Politik das Prinzip der Arbeitsteilung. Nur – in der Politik dürfen wir nicht einfach davon ausgehen, dass sie in unserem Sinne gemacht wird. So wie wir sicher sein können, dass der Bäcker auch die Brötchen backt, die uns schmecken. In der Politik müssen wir Bürger immer hinschauen, was unsere „Politik-Bäcker" da so alles zusammenrühren und ob ihnen auch nichts anbrennt. Das bedeutet, wir müssen uns informieren, mitdenken und unsere Meinung sagen, wenn uns etwas nicht gefällt. Das ist wichtig!

Jeder hat verschiedene Interessen, zum Beispiel je nach seinem Beruf oder seinen Werten. Darum wählt jeder diejenigen Politiker, von denen er annimmt, dass sie seine Interessen am besten vertreten.

Natürlich gibt es die JEP-Partei nicht, Xabi hat sie sich nur ausgedacht. Aber bestimmt hast Du wirklich schon das eine oder andere vollgeschmierte Plakat gesehen. Dabei gibt es in einer Demokratie doch viel bessere Mittel, seine Meinung auszudrücken!

Gemeinsame Ziele – gemeinsame Politik: die Parteien

Wahlplakate der SPD, der VOLT-Partei und der FDP

Du kennst sie bestimmt: Die bunten Plakate an den Straßen und auf den Werbeflächen. Da grinst Dich meistens irgendein Mensch an, den Du nicht kennst und der manchmal auch so aussieht, dass man ihn nicht kennenlernen will. Besonders, weil irgendwelche Schlawiner ihm noch eine schwarze Brille oder einen Spitzbart verpasst haben.

Auf diesen Plakaten stehen in der Regel Abkürzungen für die Namen der Parteien, die die Plakate aufgehängt haben. Das liegt auch daran, dass die Parteien oft so lange Namen haben, dass man sie im Vorbeifahren gar nicht lesen könnte. Hier ist eine Liste der häufigsten Abkürzungen und der zugehörigen Parteinamen Deutschlands:

CDU = Christlich Demokratische Union
CSU = Christlich-Soziale Union in Bayern
SPD = Sozialdemokratische Partei Deutschlands
FDP = Freie Demokratische Partei
AfD = Alternative für Deutschland

Andere Parteien haben ganze Worte als Namen:

Die Linke = die Linke
Grüne = Bündnis 90/Die Grünen
Piraten = Piratenpartei Deutschland

Politik, Parteien und Programme

Wenn Du Dich intensiver mit Politik und den Parteien beschäftigen möchtest, kannst Du Dir ziemlich leicht einen Überblick verschaffen. Der Deutsche Bundestag hat ein Internetportal unter der Adresse www.mitmischen.de. Dort findest Du ganz viele Informationen über die Parteien und ihre Programme.

Wichtig ist: Schau da mit einem Erwachsenen zusammen hinein, denn die Sprache ist nicht immer einfach. Aber das ist auch eine gute Gelegenheit, mit den Eltern oder Großeltern mal über Politik zu reden.

Vielleicht hast Du Dich an Deiner Schule für eine Schach-AG eingetragen oder Du hast Spaß am Boxsport. So ziemlich für jedes Hobby gibt es Vereine oder Angebote an Deiner Schule. So ähnlich ist auch mit den Parteien. Es sind Vereinigungen, die Deine Interessen vertreten.

Natürlich gibt es noch viel mehr Parteien. Allein zu den Wahlen zum 19. Deutschen Bundestag, die 2017 stattfanden, nahmen 42 verschiedene Parteien teil. Darunter so spezielle Gruppierungen wie die Magdeburger Gartenpartei, die V-Partei für Veränderung, Vegetarier und Veganer oder die Hip-Hop-Partei „du. - die Urbane". Urban heißt so viel wie städtisch, also „aus der Stadt".

Daran erkennst Du: Parteien dürfen wollen, was sie wollen – solange es im Rahmen unserer Gesetze ist. Ein Grundeinkommen für alle, vegane Ernährung, Tierschutz und so weiter ... gibt's alles als Zielvorgabe von Parteien. Und das ist auch gut so.

Die Parteien haben für unsere Politik eine ganz wichtige Funktion. Sie helfen uns Bürgern und Wählern, uns zu orientieren. Sie machen es uns leichter, unsere Wahlentscheidungen zu treffen. Und sie machen es leichter, in der Politik mitzumachen.

Parteien stehen für bestimmte Werte, Ziele und Absichten. Ihre Mitglieder sind dort eingetreten, weil sie diese Werte, Ziele und Absichten teilen. Und wenn einer von ihnen in ein politisches Amt gewählt wird – zum Beispiel als Bürgermeister –, dann haben wir anderen eine ungefähre Vorstellung davon, wie dieser neue Bürgermeister oder die neue Bürgermeisterin Politik machen will, weil er oder sie eben dieser bestimmten Partei angehört.

Auch Parteien funktionieren demokratisch

Ist das nicht komisch, dass alle Menschen, die in so einer Partei sind, dieselbe Meinung haben? Nun ja: Es *wäre* komisch, wenn es denn so wäre! Menschen, die in derselben Partei sind, nennen sich „Parteifreunde". Und Hand aufs Herz: Streitest Du nicht auch immer mal wieder mit Deinen Freunden? Zum Beispiel darüber, was ihr als Nächstes spielen sollt? Genauso ist es in einer Partei. Da wird oft sehr lange diskutiert und auch gestritten. Immerhin sind die meisten Themen, mit denen sich die Politik beschäftigt, ja auch sehr wichtig für unser Alltagsleben.

Damit aber in den Parteien kein wildes Geschubse anfängt über die einzelnen Streitpunkte, gelten auch hier demokratische Regeln. Innerhalb der Partei gibt es ebenfalls Arbeitsteilung: einen oder mehrere Vorsitzende, einen Vorstand, Gremien (spezielle Gruppen), die sich um einzelne Themen kümmern, und auch einen Generalsekretär oder Geschäftsführer, der die Organisation der Partei leitet.

Auch hier bestimmen diejenigen, die diese Ämter besetzen, nicht alleine. Am Ende wird abgestimmt, wie die Partei sich zu bestimmten Fragen verhalten will. Oder wer ihre Kandidaten für die nächste Wahl sind. Das ge-

Damit es innerhalb einer Partei nicht drunter und drüber geht, gibt es eine Arbeitsteilung und eine Hierarchie. Ähnlich wie an Deiner Schule. Du weißt, dass der Direktor höhergestellt ist als der Lehrer. Dann gibt es noch die Elternvertretung und die Schulsprecher. Und mit den vielen Schülern und Schülerinnen ergeben all diese Menschen die Schule!

schieht meistens auf einem Parteitag, also einer großen Versammlung von Parteimitgliedern. Die Leute auf dem Parteitag nennt man Delegierte. Auch sie werden demokratisch ausgesucht. Also: In den Parteien funktioniert dasselbe demokratische Prinzip wie in unserer Gesellschaft insgesamt!

2023 waren in Deutschland rund 1,1 Millionen Menschen Mitglied in einer politischen Partei, die meisten von ihnen in den beiden großen Parteien CDU und SPD. Diese Mitglieder bezahlen mit ihren Mitgliedsbeiträgen natürlich auch zu einem großen Teil die Arbeit der Parteien. Außerdem unterstützen Menschen die Parteien zusätzlich mit Spenden. Und die Parteien

bekommen Wahlkampfmittel vom Staat, aus dem Bundeshaushalt, je nachdem, wie viele Stimmen sie bei der letzten Europa-, Bundestags- oder Landtagswahl bekommen haben.

Dabei darf sich die Partei nicht nur oder überwiegend aus staatlichen Mitteln finanzieren. Sie muss vor allem selber Geld erwirtschaften. Das ist so geregelt, damit es keine Staatsparteien gibt. Denn wenn eine Partei sozusagen vom Staat und der Regierung abhängig wäre, wäre sie nicht mehr unabhängig. Und dann würde die Demokratie nicht mehr funktionieren.

Vor 1989 war Deutschland zweigeteilt. Es gab die Bundesrepublik Deutschland (BRD) und die Deutsche Demokratische Republik (DDR). Während es in der BRD ein Mehrparteiensystem gab, regierte in der DDR nur eine Partei.

Auf Parteitagen stimmen die Delegierten zu wichtigen Themen ab

Der Speakers Corner in London bietet jedem die Gelegenheit, seine Meinung kundzutun. Dort geht es ziemlich laut zu!

Im Dorf ist der Bürgermeister für viele der erste Ansprechpartner in Sachen Politik. Hier siehst Du den Bürgermeister von Seefeld, einem Dörfchen in Österreich

In der Schule wählt Ihr einen Klassensprecher. Das ist sozusagen Euer erster Volksvertreter.

In der Stadt regiert der Bürgermeister zusammen mit dem Stadtrat. Sein Sitz ist oft das Rathaus. In der Stadt Münster haben die Bürger der Stadt dieses schöne Rathaus gebaut.

Vom Stadtrat bis zum EU-Parlament

Überall, wo Menschen zusammenleben, passiert Politik. Jeder Lebensbereich, von der Schule und dem Sportverein bis hin zur Europäischen Union, hat seine eigene demokratische Vertretung. Also die Leute, die von allen gewählt wurden, um ihre Interessen zu vertreten.

Das ist praktisch. So können sich die Politiker auf die Politik konzentrieren. Das heißt, sie müssen ganz viele Dinge lernen über die Lebensbereiche, über die ihre Politik entscheidet. Wie kann morgen unser Verkehr aussehen, damit die ganzen Autos, Busse und Lastwagen nicht mehr die Luft verpesten und unserem Klima schaden? Wie kann die Schule in Zukunft noch besser auf die Bedürfnisse der Kinder eingehen, damit Du gut und gesund lernen kannst? Wie sollen die Beziehungen zu unseren Nachbarländern sein, damit wir alle in Frieden leben können? Und welchen Ländern auf der Welt können wir helfen, damit die Menschen dort nicht arm sind und genug zu essen haben?

Das sind alles sehr komplizierte Fragen. Da haben die vielen Politiker schon den ganzen Tag zu tun, um die richtigen Antworten zu finden.

Klar, wir könnten uns auch alle auf dem Marktplatz treffen, wild durcheinanderdiskutieren und hoffen, dass wir zu all den Themen eine Einigung erzielen. Aber mal ehrlich: Erstens bräuchten wir für die über 83 Millionen Menschen in Deutschland einen ziemlich großen Marktplatz. Und außerdem

Wählen

Jeder Bürger der Bundesrepublik Deutschland hat ein aktives und ein passives Wahlrecht.

Das aktive Wahlrecht bedeutet: Jeder, der einen deutschen Pass besitzt, darf bei Wahlen seine Stimme abgeben. Dafür muss man grundsätzlich mindestens 18 Jahre alt sein.

Allerdings musst Du eventuell gar nicht so lange warten, bis Du Deinen ersten Stimmzettel für eine Wahl in der Hand hältst. Es gibt nämlich Ausnahmen. An manchen Wahlen darf man schon mit 16 Jahren teilnehmen. Das sind die Landtagswahlen in Brandenburg und Schleswig-Holstein sowie die Bürgerschaftswahlen in Hamburg und Bremen. Außerdem darf man in acht Bundesländern schon ab 16 Jahren an den Kommunalwahlen teilnehmen: Baden-Württemberg, Brandenburg, Bremen, Mecklenburg-Vorpommern, Niedersachsen, Nordrhein-Westfalen, Sachsen-Anhalt, Schleswig-Holstein.

Das Wunderbare in unserer Demokratie ist, dass die Politiker ganz normale Menschen sind. Jeder von uns kann sich wählen lassen. Das nennt man passives Wahlrecht. Das passive Wahlrecht ist also auch Dein Recht, Dich als Kandidat um ein politisches Amt zu bewerben und dann auch wählen zu lassen. In der Regel muss man auch dafür mindestens 18 Jahre alt sein. Nur in Hessen gilt die Altersgrenze von 21 Jahren für Landtagswahlen. Und ein Bundespräsident muss nach unserer Verfassung mindestens 40 Jahre alt sein.

Das deutsche Parlament nennt man Bundestag. Es tagt in Berlin und auch hier kann es ziemlich laut zugehen!

gäbe es wahrscheinlich ein fürchterliches Geschrei und Gezänk. Weil aber Streit selten gute Ergebnisse bringt, wählen wir Menschen, die ganz viele andere Leute vertreten – deshalb nennt man sie übrigens auch „Volksvertreter".

In der Schule wählt Ihr einen Klassensprecher. Das ist sozusagen Euer erster Volksvertreter. Im Dorf wird ein Ortschaftsrat gewählt, in der Stadt ein Bürgermeister und der Stadtrat. Die Politik im Landkreis wird im Kreistag gemacht, und der Landrat führt die Verwaltung. Für die verschiedenen Bundesländer gibt es die Landtage, die eine Landesregierung wählen, mit dem Ministerpräsidenten an der Spitze. In den Stadtstaaten Berlin, Hamburg und Bremen heißen die Regierungschefs oder Ministerpräsidenten nur anders, nämlich Regierender Bürgermeister (Berlin), Erster Bürgermeister (Hamburg) oder einfach Bürgermeister (Bremen).

Die Politik Europas wird in Brüssel und in Straßburg gemacht. Hier hat das Europäische Parlament seinen Sitz.

Vom Sitzen und Treten

Übrigens: Man sagt immer, da „sitzt" jemand im Parlament. Oder der Bundeskanzler „sitzt" dem Bundeskabinett vor, also dem Rat der Minister. Wenn ein Parlament zusammen„tritt", heißt das „Sitzung". Und das ist schon ein bisschen komisch, denn Sitzen und Treten geht gar nicht so richtig gleichzeitig; Du kannst es ja mal versuchen ... Da könnte man meinen, so ein Abgeordneter müsste vor allem eine belastbare Rückseite haben, bei der ganzen Sitzerei. Ist aber nicht so. Die Köpfe sind wichtiger!

Dann gibt es den Deutschen Bundestag, der für alle Belange zuständig ist, die Deutschland insgesamt betreffen. Und der Bundestag wählt die Bundesregierung, die das Land führt. An der Spitze der Bundesregierung steht der Bundeskanzler oder die Bundeskanzlerin.

Europäische Angelegenheiten regelt das Europäische Parlament mit Sitz in Brüssel und Straßburg. Umgesetzt werden seine Beschlüsse dann von der EU-Kommission unter Führung des EU-Kommissionspräsidenten.

Das klingt jetzt alles ziemlich kompliziert. Ist es aber nur auf den ersten Blick.

Jedes der 27 EU-Mitgliedsländer kann entsprechend seiner Bevölkerungsgröße eine bestimmte Anzahl von Abgeordneten in das Parlament entsenden. Derzeit hat das EU-Parlament 705 Abgeordnete.

Katrin Göring-Eckardt war die Vorsitzende ihrer Partei und ist bereits zum zweiten Mal zur Vizepräsidentin des Deutschen Bundestages ernannt worden.

Karsten Schütze ist Bürgermeister der Stadt Markkleeberg in Sachsen

Warum Politiker Politik machen

Politik macht Spaß! Das ist eine der wichtigsten Sachen, die man feststellt, wenn man mit Politikern redet. Die machen das normalerweise gerne. Die meisten Politiker sind „Kümmerer". Nein, sie sind nicht verkümmert, sondern: Sie kümmern sich, wollen Dinge besser machen. Sie möchten mit Leuten reden und erfahren, was die sich wünschen. Und dann wollen sie das umsetzen. Natürlich meistens so, dass beim nächsten Mal wieder möglichst viele Menschen sie wählen.

Unser cleveres Eulchen Xabi hat mal ein paar Politiker aus ganz unterschiedlichen Bereichen befragt, warum sie Politik machen und was ihnen wichtig ist.

„Ich mache Politik, weil ein gemeinsames und friedliches Europa die beste Idee der Welt ist. Dafür möchte ich kämpfen."

Alexander Graf Lambsdorff, FDP

Jürgen Rüttgers war Minister für Bildung, Forschung und Technologie und später Ministerpräsident von Nordrhein-Westfalen

„Wer will, dass es Kindern gut geht, dass sie mit ihren Eltern ein schönes Zuhause haben, dass sie auf die Schule gehen können und eine gute Zukunft haben, braucht liebe Eltern und Politiker. Sie sorgen dafür, dass es Kitas gibt, Schulen, viele Bäume, saubere Luft, sauberes Wasser und vieles andere mehr. Weil mir das wichtig war, habe ich mich als Ministerpräsident für diese Ziele eingesetzt."

Jürgen Rüttgers, CDU

Alexander Graf Lambsdorff war Vizepräsident des europäischen Parlaments und Bundestagsabgeordneter. Jetzt ist er Botschafter Deutschlands in Moskau.

Vielfältige Aufgaben

Die begehbare Kuppel auf dem Reichstag (großes Bild) sieht nicht nur gut aus, sondern symbolisiert auch die Transparenz unserer Politik. Von hier aus kann man den Bundestagsabgeordneten bei der Arbeit zusehen.

Jedes Parlament, also die politische Vertretung eines Volkes, hat seine eigenen Regeln. Je größer das Aufgabengebiet, desto komplizierter wird es. Der Deutsche Bundestag zum Beispiel hat jeden Monat zwei sogenannte Sitzungswochen. In der Regel dauert eine solche „Woche" vier Tage. In diesen Zeiten finden die Sitzungen des Deutschen Bundestages statt. Und bei wichtigen Abstimmungen sollten dann auch alle da sein.

Ansonsten sind die Abgeordneten, also die gewählten Vertreter der Parteien, nicht immer da. Die haben viel zu tun. Vor allem in ihren Wahlkreisen, also den Gebieten, in denen die Menschen sie gewählt haben.

Außerdem macht so ein Abgeordneter eben mehr als „sitzen". Der läuft auch herum. Ziemlich viel sogar. Da werden Unternehmen besichtigt, Gespräche mit ausländischen Politikern geführt, oder er nimmt an Konferenzen teil. Und die Büros des Abgeordneten müssen geführt werden, er muss also beispielsweise Post beantworten. Meistens haben Abgeordnete ein Büro in ihrem Wahlkreis und eines im Deutschen Bundestag in Berlin.

Dieser Adler dürfte Dir bestimmt bekannt vorkommen. Vielleicht ist er Dir auf manchen Euro-Münzen aufgefallen oder auf dem einen oder anderen Bild zuvor? Dieser Adler, der scherzhaft auch „Fette Henne“ genannt wird, ist unser Staatssymbol!

Vorlagen

Alles, was einem Abgeordneten des Bundestages dienstlich vorgelegt wird, heißt „Vorlage“. Das können Gesetzesvorlagen sein, Beschlussempfehlungen, Anträge oder Anfragen. Insgesamt bekommen Abgeordnete in ihrer vierjährigen Wahlperiode durchschnittlich 10.000 solcher Drucksachen vorgelegt. Die umfassen oft viele Seiten. Also: Es gibt viel zu lesen in der Politik. Und was gelesen wird, muss auch geschrieben werden. Das kann richtig anstrengend sein! Für die Abgeordneten der anderen Parlamente sieht es nicht anders aus.

Du siehst also: Politik ist harte Arbeit für die Politiker. Da ist es manchmal auch ziemlich unfair, wenn wir laufend auf sie schimpfen.

Deutschland besteht aus 16 Bundesländern

Schwarz, Rot und Gold sind die Farben der Flagge der Bundesrepublik Deutschland

Kompliziert, aber toll!
16 Länder – ein Deutschland

Du hast schon im letzten Kapitel gemerkt: Deutschland ist politisch ganz schön kompliziert! 16 Bundesländer gibt es. Und jedes Bundesland macht seine Sachen ein bisschen anders. Das nennt man Föderalismus. 16 Länder, die eine gewisse Eigenständigkeit besitzen, sich aber zur Bundesrepublik Deutschland zusammengeschlossen haben.

Die Bundesländer behalten sich ganz viele Dinge als „ihre eigene Sache" vor, die unser alltägliches Leben direkt betreffen. So ist zum Beispiel die Polizei Ländersache. Jedes Bundesland hat seine eigene Polizei. Zuständig dafür ist der jeweilige Innenminister. Er wird vom Landtag, der Bürgerschaft oder in Berlin vom Abgeordnetenhaus kontrolliert.

Die Bundesrepublik hat zusätzlich ihre eigene Polizei, die sogenannte Bundespolizei. Die ist nur für Dinge zuständig, die die gesamte Bundesrepublik betreffen, zum Beispiel die Sicherung der Grenzen oder die Sicherheit bei der Deutschen Bahn oder im Luftverkehr. Sie schützt auch wichtige Einrichtungen des

Jedes Bundesland hat seine eigene Polizei, zusätzlich gibt es die Bundespolizei – sie ist für ganz Deutschland zuständig

Wo viele Fäden zusammenlaufen ...

Die Bundesregierung ist sozusagen die Chef-Etage unserer Politik. Und der Bundeskanzler hat hier den Hut auf: Er ist der Regierungschef und hat das Sagen im „großen Sandkasten der Politik". Auch, wenn er sich normalerweise natürlich mit den Ministern und Ministerinnen einigt. Der Bundeskanzler und die Minister bilden zusammen die Bundesregierung. Man nennt ihre Runde auch das „Kabinett". Sie trifft die wichtigen bundespolitischen Entscheidungen, entscheidet also über solche Dinge, die uns alle angehen und nicht nur einzelne Bundesländer. Die Außenpolitik zum Beispiel, also wie wir mit anderen Ländern umgehen – dafür ist der Außenminister zuständig. Wie viel Geld wir wofür ausgeben, darum kümmert sich der Finanzminister. Der Gesundheitsminister ist dafür verantwortlich, dass wir alle zum Arzt oder ins Krankenhaus gehen können, wenn wir krank sind. Und so weiter. Praktisch jeder große Politikbereich hat sein eigenes Ministerium. Und jedes Ministerium seinen Minister.
Hier im Bundeskabinett sitzen zwar die Chefs in der Regierung. Aber auch sie haben noch einen Vorgesetzten. Das ist der Bundespräsident. Er ist das Staatsoberhaupt. Aber seine Funktion ist vor allem „repräsentativ", das bedeutet, er vertritt Deutschland in der Welt. In die Politik greift er meistens nicht direkt ein.

Minister und Ministerinnen

Normalerweise werden die 16 Ministerposten nach einer Wahl neu vergeben. Die Partei oder Koalition, die die Wahl gewinnt, bestimmt dann, wer die verschiedenen Ministerposten übernimmt. Es kann also sein, dass neue Minister ernannt werden oder dass einige Minister weiterhin im Amt bleiben. Wer gerade die Regierung bildet, kannst Du auf der Internetseite der Bundesregierung einsehen! Scanne einfach den QR-Code mit der Kamera eines Smartphones:

www.bundesregierung.de

Bundes, wie den Bundestag oder den Sitz des Bundespräsidenten, Schloss Bellevue in Berlin. Die Bundespolizei untersteht dem Bundesinnenminister.

Warum so kompliziert? Nun, das erklärt sich aus unserer Geschichte. Nach der Diktatur der Nationalsozialisten unter Hitler wollte man verhindern, dass wieder Polizei- und Sicherheitskräfte die Menschen im ganzen Land kontrollieren und terrorisieren können. So ist die Kontrolle über die Polizei geteilt. Das ist komplizierter, schützt uns Bürger aber vor Missbrauch. Wer alle Polizeieinheiten in Deutschland unter Kontrolle bringen wollte, müsste zuerst die 16 Länderparlamente und den Deutschen Bundestag unter seine Kontrolle bringen. Das ist politisch aber praktisch unmöglich. Und das ist ein wichtiger Grund für unser föderales System.

Die Schulpolitik und somit auch die Lehrpläne sind Sache der Bundesländer

In anderen Bereichen ist es ähnlich. In der Bildung zum Beispiel. Schulen und Universitäten sind auch Ländersache. Das macht es manchmal ziemlich verzwickt, weil überall die Regeln etwas anders sind. Und wenn Du dann mit Deiner Familie umziehen musst, von einem Bundesland in ein anderes, dann ist die Umstellung oft schwierig.

Aber hinter diesem Föderalismus steckt etwas, das eigentlich jedem Kind einleuchtet: Die Menschen vor Ort wissen am besten, was sie wollen. Sie sollen das selbst entscheiden. Dann finden sie die Regeln auch gut und halten sich dran. Kennst Du doch: Wenn Ihr beim Spielen die Regeln selber bestimmt habt, dann spielt Ihr auch nach diesen Regeln, und wahrscheinlich gibt's keinen Streit. Wenn jemand anders bestimmt, findet man das oft doof.

Schloss Bellevue in Berlin ist der Amtssitz des deutschen Bundespräsidenten

Unterschiede berücksichtigen

Wenn Du Dir mal eine Landkarte von Deutschland anschaust, dann stellst Du fest: Die verschiedenen Regionen in Deutschland sind sehr unterschiedlich. Da gibt es im Norden die Gegenden am Meer, mit Stränden und Häfen. Da sind die Bundesländer Schleswig-Holstein, Mecklenburg-Vorpommern und Hamburg.

Im Süden liegen Baden-Württemberg und Bayern. Dort gibt es hohe Berge und viele Seen.

Die Menschen im Süden haben eine ganz andere Landschaft, oft anderes Wetter, anderes Essen und andere Getränke als die im Norden.

Vor allem im Rheinland feiern die Menschen zu Beginn der Fastenzeit Karneval. Dann ziehen sich alle bunte Kostüme an. Es gibt bunte Festumzüge. Und es wird viel gelacht und getanzt. Dasselbe gibt es in Mainz, mit-

In Bayern tragen viele Menschen zu besonderen Anlässen traditionelle Tracht, also typische Kleidung

ten in Deutschland auch, ebenso im Süden in Baden-Württemberg. Und auch in Ostdeutschland. Dort heißt es aber je nach Region zum Beispiel Fasching oder Fasnet.

In vielen Gegenden reden die meisten Menschen sogar etwas anders, denn sie sprechen verschiedene Dialekte.

Diese Vielfalt ist schön. Die Menschen mögen das, sie sind mit ihren Gebräuchen, ihren Landschaften und ihrer Sprache aufgewachsen. Und auch ihren Eigenheiten. Auch das ist ein guter Grund für den Föderalismus. Er soll nämlich auch sicherstellen, dass diese Vielfalt nicht verloren geht.

Also: Mit den vielen Bundesländern in unserem Land ist es wie mit vielen Kindern auf dem Spielplatz. Es ist am schönsten, wenn jeder spielt, wie er oder sie will, und trotzdem alle miteinander spielen können. Man braucht ein paar Regeln. Es ist manchmal kompliziert, sich zu einigen. Aber es macht auch mehr Spaß, mit vielen zu spielen.

An der Küste ist oft wetterfeste Kleidung angesagt

In vielen Ländern ist Zugang zu sauberem Wasser nicht selbstverständlich. Dieses Mädchen muss jeden Tag weit zu einem Brunnen laufen und die schwere Last nach Hause schleppen.

Schlaue Politik braucht schlaue Bürger

Viele Kinder müssen vor Krieg und Not flüchten

Du hast es längst gemerkt: Politik ist in einer Demokratie im Prinzip sehr einfach. Jeder von uns hat eine Stimme, wenn es darum geht, zu wählen, um zu bestimmen, wie wir leben wollen. Das ist ja erst mal nicht schwer.

Eine der ersten Sachen, die wir alle schon als Säugling konnten, war: unsere Stimme erheben, losplärren, wenn einem etwas nicht passt! Aber dass uns etwas nicht passt, heißt noch nicht, dass es falsch ist. Außerdem: Viele wichtige politische Fragen betreffen erst mal gar nicht unser Leben; es scheint also zunächst gar keinen Grund zu geben, sich dazu zu äußern. Warum, zum Beispiel, sollten wir unsere Stimme erheben, angesichts der Ungerechtigkeiten in der Welt, solange wir selbst nicht ungerecht behandelt werden? Warum sollten wir etwas gegen den Hunger tun, solange wir selber satt sind? Und warum sollten wir uns gegen Krieg und Gewalt äußern, wo sie doch so weit weg sind?

Die Antwort ist: Wenn wir nicht für Gerechtigkeit eintreten, können wir nicht erwarten, dass wir selbst auf Dauer gerecht behandelt werden. Wenn wir anderen in Not nicht helfen, werden andere uns auch nicht helfen, wenn wir es brauchen. Und wenn wir nicht gegen Krieg und Gewalt anreden, dann denken die Politiker irgendwann vielleicht, wir hätten nichts dagegen. Dann beginnen sie Streit und fangen Kriege an. Auf einmal haben wir den Salat, dann ist das Problem auf einmal ganz nah.

Dazu kommt natürlich, dass wir als Menschen Mitgefühl mit anderen haben und möchten, dass es auch ihnen gut geht. Auch ohne dass wir etwas davon haben.

Millionen Menschen auf der Welt leiden Hunger und sind froh, wenn Hilfsorganisationen ihnen Essen zukommen lassen können

Dass Du sicher zur Schule und wieder nach Hause kommst, ist sehr wichtig. Die Politik muss dafür sorgen, dass das möglich ist.

Auch für die Müllentsorgung ist die Politik zuständig. Sie beauftragt zum Beispiel städtische oder private Betriebe damit.

Was ist uns also wichtig? Bei welchen Themen wollen wir mitreden? Aus welchen Gründen treffen wir unsere Wahlentscheidungen? Da kannst Du ruhig auf Dein Gefühl hören! Was macht Dich traurig? Was macht Dir Angst? Worüber ärgerst Du Dich? Höre auf Dein Herz, es ist der beste Gradmesser für eine Politik mit Herz! Macht es Dich traurig, dass manche Kinder nicht genug zu essen haben oder zu Hause schlecht behandelt werden? Macht es dir Angst, dass die Autos so schnell durch die Straße vor der Schule fahren? Ärgerst Du Dich darüber, dass manche Menschen ihren Abfall im Stadtpark liegen lassen? Dann sind das wichtige politische Themen.

Du könntest Dich dafür einsetzen, dass es in der Schule Essen für alle Kinder gibt, damit diejenigen, die zu Hause nicht genug bekommen, wenigstens einmal am Tag satt werden. Du könntest dafür sorgen, dass der Stadtrat eine Geschwindigkeitsbegrenzung vor der Schule einrichtet und dass diese von der Polizei auch kontrolliert wird. Oder dass der Park häufiger gereinigt wird und dass Schmutzfinken bestraft werden.

Klar kannst Du das nicht alleine. Aber denke daran: Politikern sind die Wünsche der Menschen wichtig. Außerdem wollen sie ja wiedergewählt werden und werden sich schon aus diesem Grund darum kümmern ...

Natürlich ist nicht alles möglich, was wir uns wünschen. Und erst recht ist es unmöglich, allen jeden Wunsch zu erfüllen. Diese Wünsche widersprechen sich ja oft. Du willst, dass die Autos vor der Schule langsam fahren. Manche Autofahrer möchten aber vielleicht noch schneller fahren dürfen. Und sie wollen keine Strafen bezahlen für zu schnelles Fahren. An diesem Punkt beginnt, was wir „öffentliche Meinungsbildung“ nennen.

Wenn es bei einem Thema unterschiedliche Interessen gibt, muss abgewogen werden. Das heißt: Die Politik muss entscheiden, wessen Argumente mehr wiegen. Aber dafür braucht man Argumente! Und dafür wiederum braucht man Informationen. Wie schnell dürfen Autos denn überhaupt vor Schulen fahren? Wie oft wird da kontrolliert? Schrecken die Strafen Autofahrer wirklich ab?

Wer sich eine Meinung bilden möchte, muss die richtigen Fragen stellen und sich dann dazu gründlich informieren

Wie Du Dich informieren kannst

Jedes politische Thema setzt sich aus einer Unzahl von einzelnen Informationen, Daten, Fakten und Meinungen zusammen. Wer richtig entscheiden will, der muss möglichst viele dieser Informationen kennen. Erst dann kann man sich eine Meinung bilden. Das heißt: Wir müssen die Informationen irgendwo herholen. Das ist die große Verantwortung, die wir alle in der Politik in der Demokratie haben. Wir müssen uns informieren. Aber wo?

Der erste Schritt für Dich kann sein: Frag Deine Eltern. Oder einen anderen Erwachsenen, dem Du vertraust und dessen Ansichten Dir in der Vergangenheit nicht seltsam vorgekommen sind. Erkundige Dich: Warum ist das so? Wer entscheidet so was? Warum wurde es so entschieden? Was kann man dafür oder dagegen tun? Wichtig ist, dass Du die richtigen Fragen stellst: Frag nach Fakten, nach Informationen, nicht nach einer Meinung. Denn das kennst Du doch – die Erwachsenen urteilen immer ganz schnell: „Dies ist gut, das ist schlecht!" Aber das sind keine Informationen, sondern Meinungen. Du willst doch selber entscheiden, was Du für gut oder schlecht hältst!

Was?

Wann?

Lesen macht schlau!
Das gilt auch, wenn
Du politisch mitre-
den möchtest.
Woher?
Wo?
Warum?

Wenn Du Dich zu einem Thema informierst, sei durchaus auch kritisch: Werden die Fakten neutral berichtet oder wird eine vorgefasste Meinung vertreten?

Dieselbe Regel gilt auch für alle anderen Informationsquellen!

Die wichtigste Quelle von Informationen sind die Medien. Also vor allem Zeitungen, Radio und Fernsehen. Darauf wird zwar viel geschimpft, aber diese Medien sind bestimmten Normen verpflichtet. Sie müssen die Wahrheit berichten. Sie sollen alle Seiten in einer Sache zu Wort kommen lassen. Und sie sollen keine Meinung machen. Ja, das geht auch mal schief. Die Journalisten, die in diesen Medien arbeiten, sind für ihre Arbeit ausgebildet und kennen die Verantwortung, die sie tragen. Auch wenn sie manchmal Fehler machen: Freie Medien, die der Wahrheit und dem Bemühen um Ausgewogenheit verpflichtet sind, sind der beste Garant für die Information der Bürger und damit für das Funktionieren einer Demokratie.

Vor allem viele junge Menschen lesen heute nicht mehr Zeitung. Sie schauen auch nicht die Nachrichtensendungen im Fernsehen an. Stattdessen informieren sie sich lieber im Internet und in den sozialen Medien. Das ist okay, das kann man machen. Aber es ist viel schwieriger. Da muss man nämlich selber herausfinden, ob das eigentlich stimmt, was man da erfährt. In den sozialen Medien darf jeder so ziemlich alles schreiben oder sagen. Es muss nicht stimmen. Es muss noch nicht einmal nett sein. Im Gegenteil: Je böser man da ist, umso mehr Menschen schauen hin. Daher ist es oft schwer, dort die richtigen, die wahren Informationen zu finden!

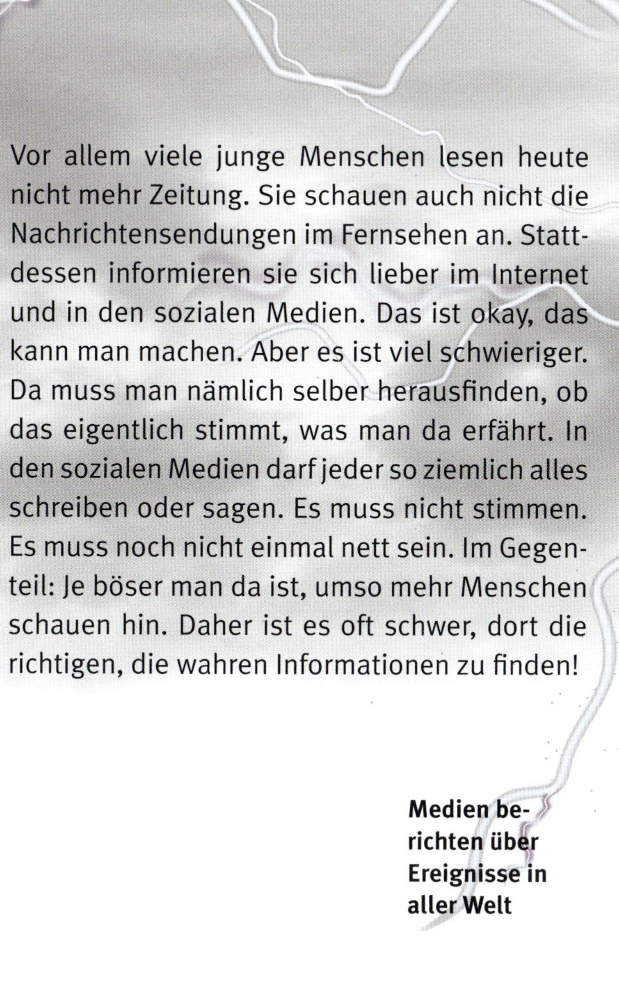

Leider stimmt insbesondere vieles von dem, was im Internet steht, ganz und gar nicht

Medien berichten über Ereignisse in aller Welt

Nutze viele Informationsquellen!

Das Wichtigste, wenn Du Dich informieren möchtest, ist: Nutze einfach so viele Informationsquellen, wie Du finden und verarbeiten kannst. Dann vergleiche und schalte Deinen Kopf ein: Wenn etwas unwahrscheinlich ist, ist es möglicherweise auch nicht wahr. Wenn eine Information der anderen direkt widerspricht, suche Dir weitergehende Informationen. Mit der Zeit wirst Du beispielsweise auch herausfinden, welche Zeitung oder welche Internetseite zu einem bestimmten Thema eher diese Meinung vertritt und welche eher eine andere. Und vor allem: Welcher Informationsquelle Du trauen kannst und welcher nicht.

Eines der besten Bespiele dafür ist die Diskussion über den Klimawandel. Die einen sagen, das Klima verändere sich durch unser Zutun, durch Luftverschmutzung zum Beispiel. Sie sind der Meinung, das sei sehr gefährlich für ganz viele Menschen. Andere sind der Auffassung, das stimme gar nicht, das Klima habe sich immer verändert und es sei nicht erwiesen, dass wir Menschen daran schuld sind. Was denn nun? Können wir etwas gegen den Klimawandel tun oder nicht?

Du musst solche Entscheidungen selber treffen! Aber nicht nach der Methode, „ich glaube einfach, was mir besser passt“! So machen das oft die Erwachsenen. Sei schlauer, frag weiter nach und besorge Dir mehr Informationen, wenn Du Dir nicht sicher bist. Das gilt für alle politischen Themen.

Welche Meinung zum Thema Klimawandel ist richtig? Können wir etwas dagegen tun oder nicht?

Weißt Du, was das Problem ist? Wie schlau wir eigentlich auch sein mögen: Unser Gehirn ist manchmal doof. Es macht seltsame Sachen. Es verleitet uns dazu, Dinge zu glauben, die wir glauben wollen. Du kennst das: Wenn Du zum Beispiel gerade Streit mit Deinem Bruder hattest und nun suchst Du Dein Lieblingsspielzeug, dann kommt Dir ganz schnell die Idee: Mein Bruder hat es mir weggenommen! Das ist erst mal total praktisch. Du hast eine Erklärung, wohin das Lieblingsspielzeug verschwunden ist. Und der Bösewicht ist der Bruder, den Du eh gerade nicht leiden kannst. Das fühlt sich gut an. Ist aber wahrscheinlich falsch! Und genau dasselbe passiert oft in der Politik. Menschen glauben, was sie glauben wollen. Und sie suchen sich nur noch diejenigen Informationen, die ihnen scheinbar Recht geben. Das ist eine böse Falle!

Seit dem Siegeszug des Internets stehen den Menschen so viele Informationen zur Verfügung, dass man oft nicht weiß, welche wahr sind und welche nicht

Veränderungen des Klimas bedrohen Menschen auf der ganzen Welt

Mit anderen sprechen!

Das Wichtigste ist: Rede über Politik. Rede darüber mit Deinen Eltern und Großeltern, denn die besitzen viel Erfahrung. Sprich darüber auch mit Deinen Freunden, denn die haben großteils dieselben Interessen wie Du! Im Gespräch mit anderen lassen sich eigene Meinungen und Argumente am besten überprüfen. Wenn Du mit anderen redest, merkst Du ganz schnell, ob sich Dein Standpunkt durchhalten lässt und ob auch andere das so sehen wie Du. Bei Meinungsverschiedenheiten muss man sich keineswegs kloppen!

Nur Zuschauen macht auf Dauer nicht glücklich!

In der Politik ist es ähnlich wie beim Seilziehen! Zwei scheinbar gegnerische Mannschaften versuchen die andere Gruppe auf ihre Seite zu ziehen. Nur hat man in der Politik weit mehr als zwei Mannschaften und man zieht nicht, sondern versucht mit Argumenten die Wähler zu überzeugen. Und auch wenn es manchmal so ausschaut, als sei man Gegner, so spielt man beim Seilziehen und in der Politik das gleiche Spiel. Man zieht, sozusagen, am gleichen Strang!

Politik macht Spaß und ist gesund! Mitmachen, mitreden, mitentscheiden!

Politik ist wie Sport. Du musst mitmachen! Zuschauen macht dick und ist auf die Dauer frustrierend. Mitmachen hält Dich fit – und auch unsere Demokratie!

Mit diesem Buch habe ich zusammen mit Eule Xabi versucht, Dir einige Grundlagen der Politik zu vermitteln. Du wirst festgestellt haben, dass wir Dir nicht gesagt haben, welche politischen Überzeugungen wir selbst für gut halten. Du musst selber herausfinden, welche Politik Du möchtest und wie das Leben in unserer Gesellschaft aussehen soll – in der Schulklasse, im Dorf, in Deutschland und auch weltweit.

Das ist das Spannende an der Politik in einer Demokratie: Nicht „die da oben", nicht die Politiker und die Mächtigen müssen die Antworten geben. Sie bieten Lösungsvorschläge für Probleme an und müssen das, was wir Bürger wollen, dann in Gesetze umsetzen. Aber die Antworten müssen wir selber geben. So funktioniert das.

Politik ist keine Beschäftigungsmöglichkeit. Sie ist keine Sache, die man machen oder lassen kann. Politik passiert, ob wir teilnehmen oder nicht. Gute Politik aber passiert nur, wenn möglichst alle mitmachen.

So wie Kinder spielen wollen und spielen müssen, um zu lernen und sich zu entwickeln, so müssen wir alle an der Politik teilnehmen. Sie gehört uns. Wir machen sie. Wir alle gestalten sie gemeinsam. Wir bestimmen, wie unsere Zukunft aussehen soll. Dabei – und dies ist das einzige Stück Überzeugung, das wir Dir hier mitgeben wollen – ist der erste und vornehmste Zweck von Politik, Frieden zu bewahren. Gute Politik regelt, wie Menschen friedlich zusammenleben. Das deutsche Außenministerium, das sogenannte „Auswärtige Amt", hat sich die goldene Regel gegeben: Deutsche Außenpolitik ist Friedenspolitik. Das ist ein guter Vorsatz für jede Art von Politik. Politik ist Friedenspolitik – unter Bürgern, unter einzelnen Gruppen in der Bevölkerung und unter Staaten.

In diesem Sinne wünschen wir Dir viel Spaß und Erfolg beim Mitmachen!

Großes Politik-Quiz

Du hast in diesem Buch eine Menge über Politik erfahren und kannst Deinen Freunden und Deiner Familie viel Spannendes darüber erzählen! Hast Du Lust, im folgenden Quiz Dein Wissen zu testen? Kreuze bei jeder Frage diejenige Antwort mit Bleistift an, die Du für richtig hältst. Manchmal sind auch mehrere Antworten korrekt. Auf Seite 64 findest Du die Auflösung. Viel Spaß!

1. Was passiert ohne Politik?

a) Die Politiker müssen richtig arbeiten. ❍
b) Die Nachrichten im Fernsehen fallen aus. ❍
c) Das Recht des Stärkeren setzt sich durch. ❍

2. Wo beginnt Politik?

a) Im Sandkasten ❍
b) In der Kneipe an der Ecke ❍
c) Im Deutschen Bundestag ❍

3. Woher kommt das Wort Politik?

a) Aus Pirmasens in Rheinland-Pfalz ❍
b) Aus dem Französischen ❍
c) Aus Athen im alten Griechenland ❍

4. Was bedeutet das Wort Politik?

a) Es hat irgendwas mit „Po“ zu tun. ❍
b) Es heißt: „Dinge, die die Stadt betreffen“. ❍
c) Es heißt: „Vielfalt“ ❍

5. Wo in unserer Gesellschaft geschieht Politik?

a) Im Verein ❍
b) Im Deutschen Bundestag ❍
c) Eigentlich überall ❍

6. Wie alt sind die alten Griechen?

a) Sie lebten ungefähr von 500 bis 300 vor Christus ❍
b) Kinder bis zwölf, Senioren bis 99 ❍
c) Sie lebten vor ungefähr 5 000 Jahren. ❍

7. Was bedeutet „Demokratie“?

a) Wenn eine Demonstration stattfindet. ❍
b) Herrschaft des Volkes ❍
c) Wenn etwas demoliert wird ❍

8. Welche beiden geschichtlichen Zeitalter haben unser Verständnis von Demokratie geprägt?

a) Das Zeitalter der alten Griechen und das der Aufklärung ❍
b) Bundesliga und Champions League ❍
c) Die Steinzeit ❍

9. Wann wurden die Menschenrechte erstmals weltweit festgelegt?

a) Von den alten Griechen ❍
b) Im Jahr 1948 durch die Vereinten Nationen ❍
c) Vor dem Zweiten Weltkrieg ❍

10. **Wo sind in Deutschland die Grundrechte der Menschen festgelegt?**

a) Im Grundgesetz ❍
b) Im Grundbuch ❍
c) Im Grunde gar nicht ❍

11. **In welcher der folgenden Staatsformen werden die Machthaber gewählt und können auch wieder abgewählt werden?**

a) Monarchie ❍
b) Diktatur ❍
c) Demokratie ❍

12. **Was ist die Funktion von Parteien?**

a) Plakate aufzuhängen ❍
b) Den Bürgern politisch Orientierung anzubieten ❍
c) Sie geben uns die Möglichkeit, in der Politik mitzumachen ❍

13. **Woher bekommen die Parteien ihr Geld?**

a) Aus den Beiträgen der Mitglieder ❍
b) Aus Spenden ❍
c) Aus dem Bundeshaushalt, je nach Stimmenanteil ❍

14. **Was bedeutet „aktives Wahlrecht“?**

a) Man muss sich beim Wählen bewegen, also aktiv sein. ❍
b) Jeder darf wählen, ob er aktiv sein möchte, zum Beispiel in einer Partei. ❍
c) Dass jeder Bürger wählen darf (meist ab 18 Jahren) ❍

15. **Was bedeutet „passives Wahlrecht“?**

a) Man darf sich auf keinen Fall bewegen beim Wählen. ❍
b) Man kann gewählt werden, darf dann aber nicht aktiv werden. ❍
c) Man kann für ein politisches Amt kandidieren und sich wählen lassen. ❍

16. **Wie alt muss man als Bundespräsident mindestens sein?**

a) 18 Jahre ❍
b) 21 Jahre ❍
c) 40 Jahre ❍

17. **Wie viele Bundesländer gibt es in Deutschland?**

a) Zwei, nämlich Ost- und Westdeutschland ❍
b) 16 ❍
c) 24 ❍

18. **Wie kannst Du Dich über Politik informieren?**

a) Über die Medien, also Fernsehen, Radio, Zeitung oder bestimmte Online-Medien. ❍
b) Oma fragen ❍
c) Am besten gar nicht, da ärgerst Du Dich doch nur! ❍

19. **Warum ist Politik wie Sport?**

a) Sie ist anstrengend. ❍
b) Mitmachen hält fit! ❍
c) Man kommt dabei oft ins Schwitzen. ❍

20. **Wie lautet der Leitsatz der deutschen Außenpolitik?**

a) Deutsche Außenpolitik ist Friedenspolitik. ❍
b) Die anderen sind doof! ❍
c) Hauptsache, ich bin Außenminister! ❍

Lösungen zum Politik-Quiz

1) c: Politik ist unsere Möglichkeit, Regeln für ein friedliches Zusammenleben der Menschen aufzustellen. Wenn es keine Regeln gibt, setzen sich immer die Stärkeren durch.

2) a: In der Eckkneipe wird nur darüber gesprochen. Und im Deutschen Bundestag wird natürlich auch Politik gemacht. Aber sie beginnt viel früher, nämlich wirklich schon im Sandkasten.

3) c: Auflösung: Das Wort Politik stammt vom altgriechischen Wort „Politika" ab.

4) b: Das altgriechische Wort „Politika" bedeutet „die Dinge, die die Stadt betreffen".

5) a, b, c: Natürlich wird auch im Deutschen Bundestag Politik gemacht. Aber eigentlich ist Politik überall, wo Menschen sich über die Regeln ihres Zusammenlebens einigen.

6) a: Die historische Epoche der „alten Griechen" war vor allem von etwa 500 bis 300 Jahre vor Christi Geburt, also vor über 2 000 Jahren.

7) b: Demokratie bedeutet „Herrschaft des Volkes".

8) a: Natürlich die „alten Griechen" und die Zeit der Aufklärung.

9) b: Die Allgemeine Erklärung der Menschenrechte wurde 1948 mit der Resolution 217A der Vereinten Nationen verabschiedet.

10) a: In Deutschland sind die Menschenrechte im Grundgesetz festgelegt.

11) c: Nur in einer Demokratie können die Machthaber gewählt und auch wieder abgewählt werden.

12) b, c: Parteien bieten den Bürgern politische Orientierung an. Und sie machen es uns leichter, in der Politik mitzumachen.

13) a, b, c: Parteien finanzieren sich in Deutschland aus den Beiträgen ihrer Mitglieder, aus Spenden und aus Zuwendungen aus dem Bundeshaushalt, je nachdem, wie viele Wählerstimmen sie bei den jeweils letzten Wahlen bekommen haben.

14) c: „Aktives Wahlrecht" heißt, dass jeder Bürger wählen darf.

15) c: „Passives Wahlrecht" bedeutet, dass jeder Bürger für ein politisches Amt kandidieren und sich wählen lassen darf.

16) c: Der Bundespräsident oder die Bundespräsidentin müssen mindestens 40 Jahre alt sein.

17) b: Es gibt 16 Bundesländer in Deutschland.

18) a, b: Oma oder Opa fragen, ist immer eine gute Idee. Überhaupt: mit Erwachsenen über Politik zu reden. Aber übernimm nicht einfach deren Meinungen, wenn Du nicht davon überzeugt bist. In den Medien gibt es ganz viele Informationen zu politischen Fragen, auch speziell für Kinder!

19) b: Mitmachen hält fit. Wer sich engagiert, bleibt informiert und kann mitreden.

20) a: Die goldene Regel des Auswärtigen Amts lautet: „Deutsche Außenpolitik ist Friedenspolitik"

Entdecke die Reihe mit der Eule!

Entdecke die Eulen

Entdecke die Greifvögel

Entdecke die Geier

Entdecke die Rabenvögel

Entdecke die Spechte

Entdecke die Finken

Entdecke die Spatzen

Entdecke die Eisvögel

Entdecke die Zugvögel

Entdecke die Singvögel

Entdecke die Meisen

Entdecke die Kraniche

Entdecke die Störche

Entdecke Schwäne, Gänse & Enten

Entdecke die Möwen

Entdecke die Pinguine

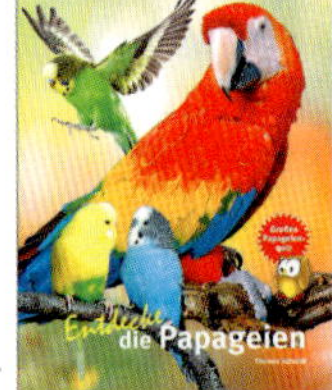
Entdecke die Papageien

Entdecke die Kolibris

Entdecke die Fledermäuse

Entdecke die Hunde

Entdecke die Kühe

Entdecke die Pferde

Entdecke die Esel

Entdecke die Nagetiere

Entdecke die Igel

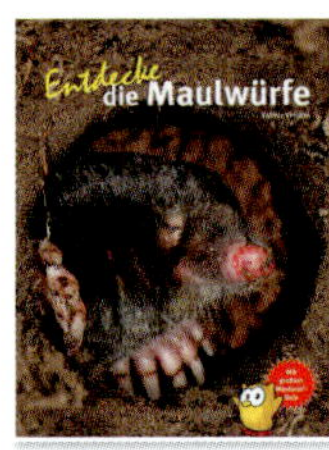
Entdecke die Maulwürfe

Entdecke die Waschbären

Entdecke die Biber

Entdecke die Otter

Entdecke heimische Wildtiere

Entdecke die Wölfe

Entdecke die Bären

Entdecke die Tiger

Entdecke die Menschenaffen

Entdecke Affen und Lemuren

Entdecke die Hyänen

Entdecke die Pandas

Entdecke die Elefanten

Entdecke die Nashörner

Entdecke die Erdmännchen

Entdecke die Beuteltiere

Entdecke die Robben

Natur und Tier - Verlag GmbH
An der Kleimannbrücke 39/41 · 48157 Münster
Telefon: 0251 - 13339-0 · Fax: 0251 - 13339-33
E-Mail: verlag@ms-verlag.de · www.ms-verlag.de